**Freydman Andres**

**Pensamientos**

Freydman Andres

# Pensamientos

Diarios

JustFiction Edition

**Imprint**
Any brand names and product names mentioned in this book are subject to trademark, brand or patent protection and are trademarks or registered trademarks of their respective holders. The use of brand names, product names, common names, trade names, product descriptions etc. even without a particular marking in this work is in no way to be construed to mean that such names may be regarded as unrestricted in respect of trademark and brand protection legislation and could thus be used by anyone.

Cover image: www.ingimage.com

Publisher:
JustFiction! Edition
is a trademark of
Dodo Books Indian Ocean Ltd. and OmniScriptum S.R.L publishing group

120 High Road, East Finchley, London, N2 9ED, United Kingdom
Str. Armeneasca 28/1, office 1, Chisinau MD-2012, Republic of Moldova, Europe
Printed at: see last page
**ISBN: 978-620-0-10472-4**

# Pensamientos

La idea detrás de estos textos es poder compartir mis pensamientos diarios con aquellas personas que decidan leerlo.
Durante más de un año he escrito en las mañanas lo que sentía en aquel momento o simplemente lo que pasaba por mi cabeza.
Desde el día que decidí comenzar hasta ahora, para mí es un ejercicio mental.
Un ejercicio que ahora adoro mantener en práctica.
Es una conversación conmigo mismo.
Me permite conocerme un poco mejor a través del tiempo.
Y en los momentos de dificultad esos mismos pensamientos me sirven de consuelo o motivación.
Por esa razón he decidido compartir esos pensamientos con aquellas personas que quieran leerlos.
Porque creo en el poder de las palabras y de seguro pueden ser útiles para algunas personas.
Ya que todos pasamos por muchas cosas en la vida pero sobre todo, porque todos mantenemos una conversación constante con nosotros mismos.
Aquella conversación es importante ya que como dicen, la calidad de tu vida depende de tus pensamientos.
Finalmente, cada día es diferente y he enumerado cada uno de ellos.
Les deseo una buena lectura y si estás leyendo este libro te doy las gracias de antemano.

Dia 1

¡Por dónde empezar cuando hay tantas cosas que pasan por la mente!
En ese momento hay que dejarse llevar y simplemente comenzar. Dejar que todo fluya. El resto vendrá después.
No sabia por donde empezar, solo empecé no tenía ni una línea y ahora tengo más de tres!
Todo esto es para nosotros.
Para aquellos que les llaman locos, simplemente por ver las cosas diferentes a los demás.
Para aquellos que a pesar de todo nunca han parado de luchar!
Ustedes al igual que yo, son unos Guerreros!
La vida es una lucha y la lucha es constante.
Importante que no se te olvide todo lo que has logrado, las lágrimas que has derramado, los momentos por los cuales has pasado para estar donde estás ahora!
Tienes que sentirte orgulloso hermano(a).
¡Ya que muchos en tu lugar hubieran abandonado!.

Dia 2

Has sabido ser fuerte y has brindado tus manos a quien las ha necesitado.
Si lo se, a mi también me han fallado.
Después de haberlo dado todo, como si fuese nada me han abandonado!
En esos momentos duros, oscuros solo he caminado.
Al igual que tu, todos por momentos difíciles hemos pasado.
Pero ese pasado ha sido necesario para crecer, aprender, mejorar, ver las cosas diferentes y avanzar.
Por más que muchos quisieran ya no hay vuelta atrás!
No te queda más que continuar, de ti depende lo que en tu mente quieras guardar.
Guarda lo necesario, lo bonito, los buenos momentos para que puedas viajar tranquilo(a) por la vida mientras disfrutas del presente!
De lo contrario vivirás en el pasado y preocupado.

Dia 3

Cuando piensas bien nada es fácil y lo que te parece fácil solo es por costumbre, por repetición de aquella acción.
En realidad, somos lo que hacemos a repetición.
¡La excelencia no es un acto, es un hábito!
Entonces, comienza desde ya!
Cambia tus malos hábitos, reemplazalos por mejores hábitos que te ayuden a llegar donde quieres llegar.
De lo contrario, si no haces nada para ayudarte, nadie podrá hacerlo en tu lugar.
Tienes que quererlo, desearlo y dar lo mejor de ti!
Eso si quiero que sepas que la parte " difícil " de reemplazar un mal hábito está al comienzo, pero si recuerdas solo es cuestión de repetición antes de que se convierta en algo natural!
¡Será algo sencillo para ti como cepillarte los dientes!
Una vez que entiendes esto lo puedes aplicar para todo.
El objetivo es mejorar cada día, superarte a ti mismo.
¡Tú eres tu propio rival!
Yo se que tu puedes! y tú sabías que podías !?

Dia 4

Todos los días son diferentes y muchas cosas pasan en un día. Todo lo que sucede durante el día son situaciones las cuales influencian nuestras emociones!
Hay que aprender a controlar mejor nuestra reacción y de tal manera podremos tomar mejores decisiones.
Un ejemplo muy simple; todos en algún momento de nuestra vida, nos hemos enojado contra alguien y en ese momento podemos decir cosas que pueden herir a la otra persona.
Luego terminaremos pidiendo perdón por lo que dijimos sin pensar. De ahí la importancia de querer y deber mejorar mis emociones.
Pero tranquilo, da lo mejor cada día y cuales sean los errores que cometas no se te olvide que somos humanos y los errores son necesarios para crecer y aprender.
Solo recuerda que los errores repetidos terminan siendo decisiones!

Dia 5

Sabías que el hecho de ser una persona positiva no significa que todo es perfecto o color de rosas.
Ser positivo significa ser consciente que hay lo malo y lo bueno y a partir de ahí todo es cuestión de decisiones.
Ser positivo quiere decir decidir constantemente que pase lo que pase nos concentramos en lo bueno!
Significa poner tu energía en lo que te gustaría que suceda y sucederá!
Mas no cometas el error de concentrar tu energía en lo negativo, ya que de esa manera solo sucederán malas cosas.
Lo que causará que todos los días vivas quejándote por todo lo que sucede.
De nada sirve buscar culpables, todo depende únicamente de ti!

Dia 6

¿Quieres algo? Dime que quieres ?
Ahora que ya sabes lo que quieres.
Dime, ¿qué haces al respecto?
Seamos claros y directos!
La mayoría del tiempo queremos de todo pero no hacemos nada, por eso algunos tienen poco y otros tienen más!
Así es la vida, dependiendo de lo que quieres siempre hay algo por hacer.
Todos queremos las cosas rapido y facil pero lo rapido y facil asi como llego se va!
Hay que entender que hay que darlo todo, para obtener lo mejor y a largo plazo.
Hay que estar dispuesto a mantenerse, de lo contrario no tendrás lo que quieres por mucho tiempo!
Si no cuidas las flores, no habrá flores así de simple!
¡Siempre da más de lo que los demás dan y verás la diferencia!

Dia 7

De lo que sabemos un día tiene 24 horas.
Si duermo 8 horas y trabajo 8 horas, ya son 16 horas de mis 24 horas.
Ya solo me quedan 8 horas.
Supongamos que comer y ducharse toma 4 horas.
Al final, me quedan 4 horas diarias.
Como puedes ver me queda muy poco tiempo.
Es super importante lo que haces en esas 4 horas cada día!
Si tienes objetivos trabaja para ellos, de lo contrario esas 4 horas pasarán volando mientras miras la Tv o mientras estás en tu celular!
Y si de esa manera tu vives tus días, es muy normal que lleves una vida normal y a veces aburrida.
Porque, para que tu vida sea mejor hay que tomar mejores decisiones, utilizar mejor su tiempo.
De lo contrario, solo estarás en un círculo vicioso donde solo duermes, comes, trabajas, pierdes tu tiempo y al otro día, comienza de nuevo la misma mierda!!

Dia 8

Hoy día como todos los días!
Es super importante cuestionarse, ¿cómo te sientes ?
¡Me siento muy bien! Desde que despierto.
El simple hecho de abrir los ojos de nuevo y poder respirar es algo realmente increíble!
Lo mejor de la vida está en las cosas simples.
Pregúntate, cómo te sientes? al menos tres veces al día y si no estas bien cambia eso de inmediato.
Haz lo que sea necesario para sentirte bien.
Aprovecho para decir que la inteligencia emocional es super importante y deberíamos aprender sobre ella.
Si controlas tus emociones, podrás controlar de una mejor manera cada situación que llegue a ti.
¡Es como tener superpoderes! ¡Cómo hacer magia!
No dejes para mañana, lo que puedes aprender y mejorar hoy!

Dia 9

Todo está en ti, eres perfecto y único!
Todo lo que está en tu cabeza guardado, archivado influye en la manera de ver el mundo exterior.
Mientras más te concentres en ti mismo, mejor será para ti y tu bienestar.
Y hasta para los demás porque si estás bien contigo mismo podrás ayudar a los que necesitan de tu ayuda.
De lo contrario como pretendes ayudar.
Ayuda sin esperar nada a cambio.
Habrá personas que solamente estarán ahí mientras necesitan de ti y luego seguirán sus caminos.
Eso está bien, lo importante es que ayudaste esa persona y eres luz, eres esa luz que aquella persona necesitaba.
Cual sea lo que hagas, hazlo por Amor!

Dia 10

No es lo que pasa si no el significado que le das!
Todos vivimos cosas distintas o similares.
Lo que para ti puede ser malo, para mi puede ser bueno o lo contrario.
Al final, todo está en tu mente, ya que pase lo que pase todo dependerá de lo que tengas en tu mente y se refleja en tus decisiones.
Puedes intentar culpar a los demás por cosas que te han pasado o hacerte la víctima y pensar que nada es justo.
Pero solo en ti está en ver las cosas diferentes!
Darle un significado diferente a cada situación que llegue a ti. No puedes controlar las cosas que llegan a ti, pero tienes totalmente el control una vez que la situación está en tus manos!
Recuerda, no es lo que pasa si no el significado que le das!

Dia 11

Amor, Amor es todo lo que necesitamos!
Ama, Ámate a ti mismo para poder ofrecer ese Amor a los demás!
El Amor es lo más bonito que hay, el Amor es lo más fuerte!
El AMOR es el motor de todo lo bueno.
El Amor es la razón por la cual hay cosas maravillosas en este mundo!
El Amor está por todas partes, sin Amor no hay nada.
No se por ti pero a mi me encanta el Amor, me encanta sentirme bien, amado , resentir ese amor dentro de mi!
Me gusta poder transmitir ese amor a través de mis palabras, mis acciones y mi manera de hacer las cosas.
Todo lo que hago lo hago por Amor.
Por eso el amor no me falta!
Me quiero tanto y se lo bueno que es el Amor que por eso hoy contigo lo comparto!

Dia 12

Un dia mas para darlo todo, un dia mas para vivir el amor!
Un dia mas para aprender.
Un dia mas para continuar y no detenerme!
Nadie dijo que sería fácil, por eso mismo lo estoy haciendo.
Estoy aquí luchando cada día.
La lucha es yo contra mi misma persona!
Debo confiar en mí, las demás personas no confían en ellas mismas por eso no esperes nada de nadie.
¡Solo hazlo!
Merezco ser feliz, estar bien de salud, tener mucho dinero, tener muchos negocios, poder viajar, descubrir, aprender y ayudar!
Todo depende únicamente de mi.
No todos quieren verte bien, ten cuidado con aquellas personas. Que no se te olvide, todo depende de ti!

Dia 13

Hasta no intentarlo no sabrás.
Si no lo intentas, no tienes nada.
Si lo intentas, puedes ganarlo todo.
Si lo intento y no funciona, no me preocupo no perdí nada al contrario aprendí algo nuevo, que sin intentar no hubiera aprendido.
Así que si tienes algo que te gustaría hacer no lo pienses mucho, solo lo suficiente para poder empezar.
A veces la duda atrae más dudas y al final abandonas todo y terminas haciendo nada.
Te haces suposiciones de lo que podría pasar y la mayoría son malas suposiciones.
Es el miedo lo que los detiene.
Pero hay que superar ese miedo, hay que concentrarte en lo bueno en lo que te gustaría que suceda.
Concentra esa energía en todo lo positivo y verás lo bien que irán tus cosas, de lo contrario vivirás con miedo, serás una persona negativa y no intentaras nada!

Dia 14

En este hermoso día, este mensaje es para una persona maravillosa, para mi!
Si! así mismo para mi.
Ese niño, hombre madrugador, ese hermano trabajador, ese tío cariñoso, ese abuelo que da el ejemplo!
Esa persona única, que a pesar de todo ha sabido mantenerse fuerte, que ha salido adelante.
Quién no ha parado de luchar
para ti, quien siempre da más de lo que se espera!
Para ti, que siempre está ayudando a los demás.
Para ti, que no esperas nada a cambio.
Para ti, que haces las cosas con Amor!
Para ti, quien siempre buscas mejorar y superarte.
Continúa dando lo mejor de ti cada día.
Continúa transmitiendo ese amor que tú eres!
Continúa ayudando a todas esas personas que puedas y lo necesiten.
Continúa haciendo las cosas por amor y no esperes nada a cambio.
Haga lo que haga, hazlo por amor y siempre da más de lo que esperan.

## Dia 15

Cada día es único, cada día es una oportunidad para darlo todo, para aprender , para seguir luchando , para descubrir.
Un dia mas para exigirte a ti mismo.
Un dia mas donde es mi deber, mi obligación y mi responsabilidad de darlo todo por mi éxito.
¡Todo depende de mí!
Habrán muchas cosas en un dia pero solo esta en mi, en controlar esas cosas una vez en mis manos,
de mi depende, si es o no un buen dia.
Un dia mas para enamorarme de la vida y sus bellas cosas para llenarse aún más de amor.
Para transmitir amor, para ayudar a quien lo necesita.
Un dia mas para mejorar esas cosas que hago bien.
Un dia mas para nuevas oportunidades
y sobre todo un dia mas, donde estoy agradecido por poder respirar, levantarme de la cama, poder caminar, hablar, comer y hacer grandes cosas las cuales siempre me enseñan algo nuevo cada dia.

Dia 16

No te preocupes hermano lo vas a lograr!
¡Si todo eso que tienes en mente y quieres lo vas a lograr!
¡Si todo lo que te propongas y decidas lo vas a lograr!
Nada es imposible para ti, todo es posible y lo vas a lograr!
Se que lo darás todo y mucho más como siempre lo has hecho y por eso mismo lo vas a lograr!
No te detengas a pensar, piensa mientras caminas.
En el camino has logrado muchas cosas y seguirás logrando muchas más!
Todo lo que decidas sucederá siempre y cuando des lo mejor de ti.
Que no te afecte la falta de ambición y la negatividad de la gente a tu alrededor.
Alejate de esas personas que no aportan nada porque, tú sabes lo que quieres y lo vas a lograr.
Yo confio en ti y sé sin duda alguna que lograras todo lo que quieres y nunca te detendrás!

Dia 17

Hermano seguro habrán momentos donde te sientas cansado, deprimido y con dudas por cosas que pueden pasar.
Te sentirás solo y tal vez habrán momentos donde crees que estás haciendo todo por nada.
Yo solo quiero recordarte que eres lo mejor, recordarte que no estás solo, ¡ya que puedes contar contigo mismo!
Eres humano y por eso es normal tener dudas a ratos y sentirte cansado.
Que no se te olvide que todo depende de ti y que siempre has sabido que nada es fácil y por eso todo lo que haces te interesa porque tu eres fuerte, siempre tendrás la opción de abandonar, quejarte o continuar.
Tu siempre has sabido continuar a pesar de todo
te has caído pero lo importante fue haberte levantado. Cometiste errores pero lo importante fue que aprendiste de ellos.
Cuenta conmigo mismo para darlo todo hasta el ultimo dia yo no te abandonaré.

Dia 18

Calma, coge las cosas con calma de nada sirve apresurarse.
Más vale coger las cosas con calma y estar seguro de lo que hago que intentar ir rápido y hacer las cosas mal.
Mantente tranquilo, deja que todo fluya, lo que tiene que venir a ti vendrá y lo que tiene que alejarse se irá.
Tu atraes lo bueno y lo malo no quiere acercarse a ti,
lo malo solo llega a quien quiere lo malo.
Yo recibo todo de la misma manera, con calma, tranquilidad y eso me permite luego de elegir que quiero hacer con cada situación.
Mantente relajado y tranquilo de nada sirve el estrés y hacer un drama.
Recuerda que si hay problema, hay solución y si no hay solución es porque no hay problema.
Por eso toma tu tiempo, toma todo con calma, para poder bien analizar tu entorno y adaptarse si es necesario según la situación.

Dia 19

Todos los días son para aprender, educate y nunca pares de aprender cosas nuevas.
Descubre, disfruta, infórmate y mantente al día de lo que te interesa.
Aprovecha cada segundo para estar enfocado en esas cosas que te gustan, en esas cosas que quieres ser muy bueno.
Ponte objetivos para superarte a ti mismo!
Busca ser el mejor sin compararte con nadie.
Recuerda, eres tu propio adversario.
Alimentante de buenas cosas tómate tu tiempo, reflexiona, mantente tranquilo y seguro.
Piensa bien antes de tomar una decisión, busca siempre cómo hacer el bien y ayuda a quien necesita tu ayuda.
Concéntrate en lo bueno en todo momento y lo malo se alejara, aprende sobre los demás, escucha, analiza y alejate si es necesario por tu propio bien y no te sientas mal cada cual tiene que seguir su camino y todos tenemos que aprender!

Dia 20

Un dia mas, para hacer grandes cosas con amor.
Para aprender y hablar menos de lo que no vale la pena.
Un dia mas, para concentrarme en mi, sin olvidar a los demás.
Un dia mas para recordarme que lo estoy haciendo bien porque, lo hago por amor y vivo el momento presente.
Te deseo lo mejor, que si mañana tienes la oportunidad, siempre sea mejor que ayer.
Pero que el ahora sea lo más importante y más que el mañana.
Da siempre lo mejor de ti en el momento presente, que el resto vendrá por sí mismo.
Recuerda que haga lo que hagas, hazlo por amor.
Vive tu vida al máximo, disfruta del proceso, de cual sea lo que estás haciendo y recuerda también que lo más importante es darlo todo hoy y que mañana si tienes la oportunidad, podrás hacerlo mucho mejor!

Dia 21

Nunca es tarde para comenzar de nuevo, cada día es una nueva oportunidad.
No pierdas tu tiempo, aprovéchalo, trabaja por todo eso que quieres, siéntete libre, te lo mereces.
Sigue siempre a pesar de todo lo que pueda pasar.
Recuerda que nada es fácil y por eso mismo lo estamos haciendo.
Lo que yo quiero no todos están dispuestos a trabajar para ello.
Si fallo, aprendo y sigo, lo importante es aprender y mejorar.
Siempre y cuando tenga mis objetivos claros y trabaje para ellos.
Todo saldrá bien y hasta mejor de lo que yo pueda imaginar.
Todo está en mí, el poder está en mi, todo depende de mi.
Cada día daré lo mejor por un mejor mañana si lo hay.
Hay que darlo todo en todo momento, el presente es lo más importante.
No olvides campeón, nunca es tarde para algo nuevo, para empezar de cero y siempre dar lo mejor y más!

Dia 22

Hablemos hoy del amor;
para mi, como debería ser una relación?
Yo creo que debería de ser lo más simple posible.
Estar bien con la otra persona.
Yo creo que todo está en la comunicación y la confianza.
Pero ante todo, yo creo que es la confianza personal.
La autoestima de cada persona.
Hay que estar bien para brindar lo mejor de nosotros.
Hay que saber escuchar para entender y poder ayudar.
Una relación, para mi parecer, no es nada fácil por eso me tomo mi tiempo.
Sobre todo en estos tiempos, todo lo que nos entorna no ayuda.
En conclusión, yo creo que hay que estar bien mentalmente para poder brindar lo mejor de ti a esa otra persona con la cual decidas vivir tu vida, compartir tu tiempo y ponerla en tus prioridades.
El amor es lo más bonito de este mundo y si alguna vez nos fallaron y nos hicieron daño, ¡te equivocas si piensas que eso era amor!

Dia 23

El mundo está en tu mente, cada persona es un mundo.
Cada ser humano es único.
Somos iguales y diferentes a la vez.
Tenemos por ejemplo el mismo número de horas pero no decidimos hacer lo mismo.
Tenemos sentimientos, emociones pero todos somos afectados y sentimos de manera diferente.
En fin, hay muchos ejemplos pero en conclusión, todos los mundos forman uno.
Eso, creo yo en mi opinión.
Entonces, como cada persona es un mundo, yo te diría que te encargues de mejorar tu mundo, todos los días.
Solo de ti depende, no te compares con nadie.
Ya que cada uno tiene su trabajo por hacer.
Cada persona es única, no hay por qué sentirse menos o más.
Solo preocúpate por mantener bien tu mundo para que entiendas que todo está y empieza en ti!
Como dicen por hay si no me equivoco,
si quieres cambiar el mundo comienza por cambiar tu mundo.

Dia 24

A veces por mantenernos enfocados en tantas cosas, se nos olvida cual es realmente el objetivo.
Hay que ser felices, el tiempo pasa demasiado rápido,
las cosas cambian ya sea por mal o por bien pero todo está cambiando en todo momento.
Hay que aprovechar el momento y ser felices con lo que tenemos ahora mismo.
Todos nos vamos a morir y lo sabemos.
Yo creo entonces, que hay que morir felices y dar siempre lo mejor de nosotros.
Vivir el presente sin temerle a la muerte, ya que es algo inevitable!
A partir de ahora, enfócate en lo que realmente vale la pena.
Tu ser, tu cuerpo, tu felicidad, tu bienestar, tu tranquilidad mental.
El resto de cosas no valen nada cuando te mueras y si no valen nada y sabes que no te llevas nada porque, entonces vivir tu vida infeliz detrás de todo lo material, olvidándote de lo importante.
No te mueras cansado por pasar tu vida detrás de cosas que al final son sin importancia.
¡Haz que valga la pena vivir!

Dia 25

La muerte para muchos puede ser mala, para otros buena, para algunos es un descanso, ya que se la pasan corriendo en esta vida.
Hay muchas definiciones y opiniones sobre la muerte.
Yo se que en ese momento todos te quieren y nadie te pide nada. Solo estan hay por ti!
Si yo me muero mañana o ya sea hoy, espero que estos textos que escribo les pueda ayudar en algo, ya que a mi me ayudan! Quiero morir feliz y que no se sientan mal!
Aprovechen de todo lo que yo pueda haber aportado en sus vidas para seguir adelante y con más fuerza, concentrados en vivir el presente, en ser felices ya que la vida es una.
¡Muere feliz, no caigas en las trampas de la vida, no hay que vivir cansados, hay que vivir a cada instante!
La muerte es lo más seguro que tenemos, lo que no sabemos es cuándo es nuestro momento.
Por eso mismo les escribo este texto.
Yo amo a todos los míos, mi familia, mis cercanos, cada persona que estuvo presente en mi vida.
Soy Amor y moriré siendo Amor.
¡Amor para todos y recuerden ser felices!

Dia 26

Hoy día gracias a Dios, a la vida, tengo salud que es lo más importante!
Tengo mucho dinero para poder ayudar a toda mi familia, para poder ayudar a cada persona que yo quiero.
Hoy en día puedo ir de compras y coger lo que quiera sin preocuparme del precio.
Me compre el carro que yo quise, me puedo comprar otro si me apetece pero más bien voy a comprar un jet privado, para llevar a mi familia donde quiera.
He creado fundaciones que ayudan a la gente que lo necesita.
Ayudo todos los días, todos los días creo lo que quiero crear.
Creo mi propio tiempo para hacer lo que me gusta hacer.
El dinero nunca me falta porque lo respeto, lo cuido y lo multiplico de muchas maneras.
¡Cada vez tendré más y ayudaré cada vez más!
Ya casi alcanzo la lista de los top 10 de la gente más rica de este mundo y soy el más joven en esa lista.

Dia 27

Cada persona  es un mundo y está en cada persona en hacer que su mundo esté bien.
Es la responsabilidad de cada uno.
Por eso entendí que no le puedo dar el privilegio a otras personas de que afecten mi mundo, mi bienestar ya que la persona, la cual su mundo esté bien, entenderá esto sin ningún problema!
Se trata de conocerte, descubrirte, saber porque estas aqui y porque haces lo que haces, de lo contrario vivirás desconcentrado por todo lo que te entorna y hay el problema.
Ya que si lo exterior te afecta tienes que trabajar de manera a que no te afecte.
Debes ser tú quien decide si estás triste, contento o etc..
Volveremos siempre a la inteligencia emocional, super importante y cada vez más diría yo.
Ya que veo muchos muertos vivientes todos los días, es triste porque al final, todos merecemos ser felices pero también, es triste saber que a los demás se les olvida que es la responsabilidad de cada uno.

Dia 28

Hay momentos donde nos sentimos solos.
Hay momentos donde queremos estar solos.
Hay una diferencia entre querer estar solo y sentirse solo.
En realidad, nunca estamos solos.
Siempre estarás contigo mismo.
Estarás con otras personas que harán que quieras estar solo.
Hay buena y mala compañía.
La mejor compañía es la de nosotros mismos.
En la soledad, aprendemos más sobre nosotros.
Al aprender más sobre sí mismo ayuda a apreciar esos momentos de soledad, sin que nos sintamos solos.
Ya que también es posible sentirse solo estando acompañado.
Aprovechemos más de nuestra soledad, aprendamos más sobre nosotros.
De esa manera, disfrutaremos el presente estando solos o acompañados.
Aprenderemos también a ofrecernos una mejor compañía y a ofrecer una mejor compañía a los demás.

Dia 29

Los días pasan y ya no hay buenos días!
Al final del día, ya no hay buenas noches.
Ya no recibo mensajes, pero sigo aquí sentado escribiendo mensajes.
He sido ignorado, mas no he abandonado.
Por mas que me duela, creo que algo he ganado.
Los recuerdos me han dejado una lección.
Cuando se ama con el corazón, no se abandona.
Cuando se quiere una persona, se intenta y se soluciona.
De lo contrario es mejor que sigas sola.
Todos merecemos una persona con la cual formar un equipo y luchar juntos.
Hoy en día es super fácil abandonar, todo nos parece imposible.
Pero que no se nos olvide intentar al menos, antes de abandonar a alguien.
Nadie quiere sentirse así, y un buen compañero nunca debería impedirte lograr cualquier cosa.
Al contrario, un buen compañero te ayudará a lograr lo que deseas.
Solo podemos hacer mucho, pero juntos podemos hacer muchos más!
¡Escojan bien su equipo!
Todo lo que necesitamos es Amor.

Dia 30

Aunque a veces duela, hay que aprender a decir adiós cuando es necesario.
Sobre todo si donde estás, no te están valorando como deberían. Todos merecemos un amor puro, de verdad.
Nadie tiene que mendigar amor.
Quien te ama realmente te amara por quien tu eres, con defectos y cualidades.
Y quien no, solo deberá seguir su camino.
Es más fácil escribirlo, pero creeme no lo estuviera escribiendo sin haberlo vivido.
Sé que lo que vivo personalmente puede ayudar a cualquier persona la cual se sienta identificada con esta situación.
No hay que perder la fe, hay que seguir pase lo que pase.
Ya que tarde o temprano, llegará aquella persona la cual te amará de verdad y la cual merece también que la ames y le dediques tu tiempo.
Es un trabajo de equipo, de lo contrario si no quieres hacerlo en equipo, sigue por tu camino solo sin lastimar a nadie.
Aprendamos a no abandonar fácilmente.
Una relación es un compromiso tanto como para ti mismo como para la otra persona y ambas tienen que darlo todo y luchar juntas.
Si realmente amas de verdad lucha por ello y no abandones.

Dia 31

Confía en ti y en las cosas que llegan a ti.
Deja que todo fluya.
No olvides que mereces siempre lo mejor.
Y por eso mismo tienes que seguir concentrado.
Aprovecha cada día, cada instante para avanzar en esas cosas que tu quieres.
Pase lo que pase, sigue con la cabeza en alto.
El proceso no siempre es como nos gustaría pero por eso hay que disfrutarlo y aprender de él.
Para cuando logres eso que te propusiste, al final estés satisfecho.
A veces queremos las cosas rápidas pero luego entendemos que así no aprendemos nada.
Por eso, hay que valorar el proceso y confiar en nosotros, en lo que hacemos.
Cada día, hay que dar lo mejor de ti y te aseguro que todo lo que quieres vendrá a ti poco a poco.
Guarda la calma y sé paciente ya que tu sabes que todo vendrá a ti, sin forzar nada.
Concéntrate en lo bueno, en todo eso que quieres y por lo cual estás trabajando todos los días.
Llama y atrae todas esas cosas buenas por medio de tu mente.
Verás lo bien que se siente al ver llegar las cosas a ti como las imaginaste y la mayoría del tiempo, mejor aún de lo que imaginaste!
Recordemos que todo está en nuestra mente.

Dia 32

No todos los días son fáciles, como dicen; la vida es una lucha y es constante!
Pero recuerda, la felicidad de tu vida depende de la calidad de tus pensamientos.
Por eso, tenemos que ser fuertes mentalmente.
Para ser conscientes que no todos los días serán de lo mejor, pero que cada día que tengamos, es una fortuna.
Recordar que todo es temporal y que cual sea la situación en la que estás ahora es temporal.
Te esperan grandes cosas, si tienes objetivos y trabajas para ellos.
No abandones por más que te parezca la mejor opción.
Justo en esos momentos es donde tienes que ser más fuerte ya que eso indica que estas mas cerca que nunca de lograr tus objetivos, tus metas o eso que tanto quieres.
En conclusión, hay que saber gobernar nuestros estados de ánimo.
Saber resolver conflictos, nuestros conflictos diarios.
Saber escuchar y saber escucharnos.
Motivar y motivarse.

Dia 33

Hoy, solo quiero desearte lo mejor. Cual sea por lo que estás trabajando ahora mismo, te deseo lo mejor.
Confío en ti, sé que podrás lograrlo.
Yo estoy contigo para lo que sea.
Olvídate de todo, lo único que cuenta es lo que te cuentas al final del día a ti mismo.
La mayoría solo creerán en ti, una vez que lo hayas logrado.
Así que hagas lo que hagas, ante todo hazlo por ti.
El resto vendrá por sí mismo.
Asegúrate de que tu objetivo sea bien grande para no perderlo de vista.
Y prepárate para equivocarte miles de veces en el camino.
Prepárate para levantarte cuando te caigas.
Prepárate para que pase lo que pase, sigas con la frente en alto y cada vez más fuerte porque sabes que esas caídas, tropiezos, errores han sido los que han hecho de ti una mejor persona, capaz de seguir adelante por más piedras que nos pongan en el camino.
¡Fuerza, campeón!

Dia 34

Hoy 2 de diciembre, un día hermoso en el cual tengo la fortuna de despertar de nuevo con salud.
La fortuna de poder tomarme mi café mientras leo un libro.
La fortuna de poder escribir lo que escribo en este momento.
La fortuna de tener comida.
La fortuna de tener un dia mas para realizar mis proyectos.
¡La fortuna de poder estar un día más con mi perrito, Papi!
Hoy día soy afortunado simplemente por poder respirar.
Afortunado por todo eso que podré hacer hoy y por esas cosas que vendrán.
Tengo la fortuna de a pesar de todo, ver las cosas diferentes y de una buena manera.
He tomado la decisión desde entonces, de considerarme afortunado todos los días y en todo momento.
Y de concentrarme solo en lo bueno por más cosas malas que puedan pasar.
Me recuerdo, hoy a mi mismo, que de mi depende de mi destino, mi fortuna y todo lo bueno.
Todos los días tendré que tomar decisiones y en mi está tomar las mejores decisiones para mi bienestar.
Soy consciente que en todo hay lo bueno y lo malo, pero decido siempre concentrarme en lo bueno ya que es lo que quiero atraer hacia a mi.
En conclusión, todos somos afortunados.
Solo está en nosotros reconocer por qué razones somos afortunados.

Dia 35

El mensaje de hoy va para todas esas personas a las cuales quiero mucho, ya sea mi familia, mis amigos, la gente más cercana a mi.
Se que todos pasan por situaciones difíciles y a veces se sienten como si no pueden más pero estoy aquí para recordarles lo mucho que han hecho y lo buenos que son y por ello creo que en esos momentos de dificultad más que nunca deben de ser fuertes.
Porque yo estoy seguro que después de esos malos ratos vendrán siempre mejores momentos para lindas personas como ustedes.
Siempre terminamos por obtener lo que merecemos y por ende se que merecen lo mejor.
Así que recuerden porque hacen lo que hacen y a pesar de todo nunca bajen la cabeza porque cosas buenas siempre vendrán para personas buenas.
Concéntrese en lo bueno y lo bueno vendrá a ti.
Sean fuertes y sepan que podrán contar conmigo.
Sepan también que muchas cosas de las que hago ahora mismo son por todos ustedes, por todas esas personas que Amo y quiero ayudar.
Se que solo es cuestión de tiempo y que Dios me permitirá ayudar a toda mi gente querida.
Así que vamos que todos podemos juntos!

Dia 36

¡Mi primer texto de un nuevo año,2022!
Hace rato no escribía nada.
He pasado por muchas cosas, como siempre.
He estado desconcentrado pero aprendiendo que es lo importante.
Por eso, hoy estoy aquí escribiendo de nuevo para recordarme lo que estoy haciendo y el porque lo estoy haciendo.
Hoy en día, decide leer todo lo que había escrito hasta el momento. Leer todos esos textos me ha sido de gran ayuda para enfocarme de nuevo en mis cosas.
Aquellos textos me han dado la fuerza que necesitaba encontrar de nuevo para continuar.
Una de las mejores cosas que pude haber hecho fue haber escrito todos estos textos los cuales son consejos para mi misma persona.
En conclusión, nunca he estado solo. Siempre he contado conmigo mismo!
Creo en mí, confío en mí y lograré todo lo que me he propuesto.

Dia 37

Hay que recordar que el cerebro es lo más precioso que tenemos.
Por ende, deberíamos alimentarlo, entrenarlo para sacarle el mejor potencial.
Lo digo, porque todo comienza en nuestra cabeza, los problemas que creamos con nuestros pensamientos.
Las conversaciones interiores, las cuales mantenemos con nosotros mismos.
Todo eso, es importante.
Importante, porque con un cerebro sano se vive con más tranquilidad.
De lo contrario, tus pensamientos siempre jugarán en tu contra, ¡verás problemas donde no los hay!
La conversación contigo mismo no será muy agradable, vivirás estresado, sin ser capaz de controlar tus propios pensamientos.
Preocupándote por el pasado.
Pensando en que podría pasar y se te olvida por completo, vivir el presente!
Por eso, el consejo de hoy es, si sabes que tu cerebro, tu mente es lo más precioso que tienes, ¡no esperes para comenzar a cuidarlo desde ya!
Quierete a ti mismo, cuídate a ti mismo.
Todo comienza en ti.

Dia 38

Hoy agradezco por un día más de vida.
Por la fortuna de poder respirar,levantarme de la cama sin problema, por la salud.
Agradezco por tener un dia mas para dar lo mejor de mi y trabajar en esas cosas que amo hacer!
No siempre es fácil, hay días más difíciles que otros.
Hay días de duda, días que se hacen largos.
Pero, cuando recuerdo porque hago lo que hago, ¡me enfoco de nuevo!
He elegido un camino difícil ya que no me gusta lo fácil!
Difícil no es más que una palabra, ya que aprendo todos los días haciendo lo que hago y lo que al principio puede ser difícil, termina siendo fácil gracias a la constancia, a la repetición.
Yo creo en mis proyectos, creo en mi, en lo que hago y en lo que lograre.
Creo que es lo más importante!
Porque si de algo soy testigo, es que durante todo este proceso, he visto personas no creer en mí.
y esta bien, ya que lo importante es que yo crea en mí y en mis proyectos!
La mayoría de personas, no creen en ellas mismas.
Por lo cual, la mayoría del tiempo, no creen en ti hasta que lo logres y en ese momento suelen aparecer esas mismas personas que no creyeron en ti.
El consejo de hoy es, cree en ti y en tus proyectos!

Dia 39

Un dia mas que tengo la fortuna de despertar para realizar mis objetivos.
Y aunque a veces, me sienta cansado no abandonaré.
Prefiero morir en el intento que vivir una vida que no quiero.
Y por mucho que los demás no lo crean. Yo sé que lo lograré.
Lograré todos esos objetivos y hasta mucho más.
Nunca me limitaré, sé que puedo dar más de lo que creo.
Ayudaré a todos mis seres queridos como siempre lo he querido hacer.
Viajaré por el mundo entero y ayudaré lo que más pueda.
Mientras tanto, disfruto el proceso por más que no todos los días sean fáciles y es normal, hay días buenos y días malos o mejor dicho, momentos más agradables que otros pero de todo se aprende.
Así que vamos campeón, aprovecha el presente!
Trabaja inteligente el día de hoy por un mañana que si la vida te lo permite, veras los frutos de lo que has hecho hoy!

Dia 40

Hoy, lunes es el comienzo de una nueva semana.
El comienzo de un nuevo día, nuevas oportunidades.
Vamos por todo, aunque no siempre sea fácil.
Desde el principio sabíamos que no lo sería y por eso aquí estamos.
Cada vez más fuertes, cada vez más cerca de todas esas cosas por las cuales seguimos caminando sin parar a pesar de que a veces no podamos más!
Se que lo lograre y se que sera pronto que habrá un gran cambio en mi vida ya que por ello trabajo.
Y siento que necesito ese cambio, el cambio es constante.
Este año 2022, arreglare mis cuentas, pondré mis documentos al dia, sere independiente con mi trabajo,
tendré varios ingresos, realizaré todo aquello que decida hacer este año porque puedo hacerlo!
No abandonaré lo haré por mi y por mi gente
Por lo bien que se siente tener esa libertad.
Eso es lo que quiero Libertad!
Ser libre de hacer lo que quiera.
Por eso cuando me sienta cansado y sin ganas, me recordaré a mi mismo porque tengo que seguir.
El camino no es fácil pero tampoco Imposible.
Fuerzas para mí mismo.
Yo más que nadie sé cómo te sientes el día a día y sobre todo esos días donde realmente las ganas no están!
Pero sobre todo se de lo que eres capaz y por eso se que lo lograras, vamos por todo!

Dia 41

Un dia mas soy afortunado de poder despertar, respirar y degustar mi café mientras escribo este texto.
También un dia mas, donde agradezco por el trabajo que tengo pero que me doy cuenta que realmente no es lo que quiero hacer.
Ultimamente, no para de pensar en que hacer ya que tengo varias cosas por solucionar y una de ellas es el trabajo.
Deseo un trabajo desde casa y se que llegará pronto!
El trabajo desde casa me permitirá hacer un par de cosas más.
Como por ejemplo, pasar más tiempo con mi perro Papi.
Quiero libertad en mis días, eso es lo que realmente Amo.
Despertar, leer mientras tomo mi café, escribir mientras reflexiono y disfrutar del momento sin tener que preocuparme de algo.
Lo voy a lograr, no se cuando necesariamente pero se que haré todo lo imposible para realizar y estar como realmente lo deseo.
Mientras tanto seguiré y no me detendré.
Cuando me hagan falta fuerzas me recordaré a mi mismo que estamos más cerca que nunca de lograrlo y por ende no abandonaré, confío en mí y sé que obtendré todo lo que me proponga, todo depende de mi!

Dia 42

Hoy solo quería recordarte lo maravilloso que eres!
Quería dejarte saber que todo eso por lo cual trabajas, solo es cuestión de tiempo para que veas los frutos.
Así que sigue constante con lo que haces, no desesperes que veras que pronto obtendrás más de lo que esperabas.
No solo por tu disciplina y esfuerzo sino también porque te mereces eso y mucho más!
Eres más fuerte de lo que te imaginas!
Siempre estás dando lo mejor de ti, eres una inspiración para mí mismo.
Yo soy testigo de lo que vives día a día y de cómo a pesar de todo sigues de pie y con la frente en alto!
Por eso quería recordarte hoy que a pesar de los días malos, no hay que preocuparse porque serán más los días buenos que malos.
Eres un luchador, un campeón que nunca ha abandonado.
Eres una persona increíble, que siempre está sorprendiendo con lo que hace!
Tú mismo estarás sorprendido al ver lo que cada vez irás logrando y lo más interesante es que por más que logres siempre continuarás por más ya que no te gusta conformarte y sabes que puedes sacar aún más.
Estás aquí para grandes cosas, todos esos objetivos, metas e ideas las lograrás!
Yo confio en ti y sé que tus planes saldrán hasta mejor de lo que planeabas!
Podrás ayudar a toda esa gente que cuenta para ti.
¡Se que no descansarás hasta no saber que toda tu gente querida está bien!
Por eso más que una inspiración, eres un ejemplo a seguir!
Tienes un corazón enorme y eso es lo que te diferencia de muchos!
Sigue hermano, sigue siempre por mas cansado que te sientas, como siempre lo has hecho.
Que ahora más que nunca estas cada vez más cerca de todo eso que siempre has querido para ti y tus seres queridos!
Te acordaras de mí y de este texto a medida que vayas viendo que tenía razón al decirte todo esto!
Ya que al final del día y desde el principio siempre he estado contigo y he sido testigo de todo lo que has sufrido, pasado y vivido para estar en donde estas!
Y es increíble ver a la persona en la cual te transformas cada dia!
Te quiero, Te Amo con todo mi ser y recuerda que siempre mereces lo mejor y que no estás solo, cuenta conmigo para siempre!

Dia 43

Día dos del cual decido renunciar al trabajo que estaba haciendo. Es una decisión que he tomado. La verdad, no se si esta bien o mal, solo se que me siento bien al hacer lo que realmente quiero hacer. El hecho de no tener que obligarme a hacer algo que no quiero, me da paz, esa paz que necesito para estar bien.
Al final, sé que encontraré otras soluciones. Ya que obviamente se necesita dinero para ciertas cosas pero no por ello quiero hacer cualquier cosa por dinero.
Por eso decidí dejar ese trabajo y concentrarme en lo que realmente quiero hacer.
Se que encontraré otras oportunidades, me concentraré y atraeré a mí lo que realmente quiero hacer, porque más que merecerlo, trabajaré por ello!
Todo es posible y yo estoy seguro que puedo vivir de lo que realmente quiero hacer y no debería sentirme obligado a hacer algo.
Levantarme todos los días para ir a lugares donde en realidad no quiero estar, creo que ya es suficiente!
Merezco lo mejor y haré y daré lo mejor de mi por obtener todo eso que quiero.
Se necesita coraje igual para tomar este tipo de decisiones.

Dia 44

Un dia mas en el que me despierto y agradezco por un dia mas de vida.
Por lo afortunado que soy de poder despertar y poder respirar, levantarme de la cama, desayunar y manejar mi tiempo.
Agradezco por tener una cama donde dormir, un lugar en el cual vivir y sobre todo agradezco por la tranquilidad que tengo.
Agradezco cada instante por todo lo que tengo.
A veces nos olvidamos de lo que tenemos por estar pensando en lo que no tenemos.
Obviamente como todos, también quiero muchas cosas más.
Y si que las obtendré, para ello trabajo de alguna manera.
Se que todo es cuestión de tiempo y que tengo que seguir con mi camino y disfrutar del proceso ya que los frutos de mis acciones me darán todo eso que puedo querer.
El mensaje para mi persona el día de hoy es, agradecer por todo lo que tienes, por cada instante de vida. Agradece por el presente, por la tranquilidad que puedes tener. Y enfócate en trabajar en eso que quieres realmente!

Dia 45

Un dia mas que agradezco por tener lo que tengo ya que a veces olvidamos de agradecer ya sea por poco o mucho que tengamos. Se nos olvida que todo puede terminar en cualquier momento.
Por eso, debemos ser agradecidos y disfrutar de la vida el tiempo que puedas hacerlo.
El tiempo es prestado y tu no sabes cuando te lo quiten o se te acabe.
Disfruta del presente lo que más puedas.
Disfruta cada instante como si fuese el último.
Enamórate de la vida y de las pequeñas cosas.
Y digo lo más que puedas porque sé que hay muchas cosas que pueden suceder en la vida de una persona y no siempre es fácil vivir en tranquilidad.
Pero todo es posible y a veces creemos que no hay solución para cual sea el problema pero hay el error, ya que si hay problema hay solución y por ende no vale la pena atormentarse y olvidarte de que todo estará bien.
La mayoría del tiempo que no vemos la solución al problema es porque no estamos completamente presentes.
Ya sea estamos pensando en cosas pasadas y futuras pero se nos olvida estar presentes y ver que la solución no está muy lejos de nosotros.
En conclusión, agradece, disfruta de la vida, sonríe, ama , quiérete, sé feliz, llora si es necesario, aprovecha cada instante al máximo, vive más en el presente, solo usa tu pasado para evitar errores a futuro y guarda la calma cuando haya un problema, ya que siempre que haya un problema habra una solucion y la encontraras.
Cuidate y cuida a tus seres queridos.
Ama la vida y la vida te amará.

Dia 46

A veces me despierto con todas las ganas para hacer de todo, otras veces me despierto y solo quiero no hacer nada.
Ayer fue un dia de esos donde decidí no hacer nada.
Hoy es el día donde quiero asegurarme de que todo esté en orden.
Creo que no soy el único a quien le pasa ya que puede ser agotador siempre tener que hacer algo.
En otras palabras las obligaciones que tenemos cada cual como persona.
Es por eso, que daré lo mejor de mi cada vez por encontrar todas esas cosas que realmente quiero hacer para no sentirme cansado o agotado o peor aún, obligado a hacer.
El tiempo pasa rápido, los años vuelan y hay tantas distracciones que a veces se nos olvida porque hacemos lo que hacemos.
Si normalmente soy organizado y disciplinado en mis cosas.
A partir de hoy, decido serlo diez veces más!
La disciplina y constancia harán que logre cualquier cosa que decida hacer.
Vengo de la nada y lo quiero todo, ya que tengo muchas cosas por hacer y muchas personas por ayudar.
¡No tengo otra opción que ganar!

Dia 47

El comienzo de un nuevo mes, el comienzo de nuevas cosas. Nuevos retos, nuevos objetivos, nuevas cosas por lograr. Todos los días son un día bueno para un comienzo nuevo. Para cambiar, organizarte y ser mejor.
Nunca es tarde para comenzar algo nuevo, para querer sobrepasarse en algo, al contrario es mejor ver cada día como una nueva oportunidad que es para luchar y trabajar hacia eso que realmente quieres.
Cada día es una fortuna, un privilegio sobre todo cuando estás bien de salud, que te levantas en una cama, que puedes disfrutar de un café o simplemente de un vaso de agua.
Un nuevo día para darte amor así mismo como persona, tomarte el tiempo en querer apreciar y aprender de ti.
Cuestionarte, continuar caminando y modificar lo que haya por modificar, siempre con la idea de ser cada vez mejor como persona.
Estoy convencido de que entre más te concentres en ser mejor y en lo positivo eso mismo obtendrás a cambio.
Concéntrate en eso que quieres y eso obtendrás.
Visualízate siendo una mejor persona y una mejor persona serás!

Dia 48

Mantener la frente en alto a pesar de todo.
Siempre positivo sin importar lo que suceda.
Actitud positiva y mente positiva en todo momento.
Al menos lo más posible, que los malos momentos no me afecten más bien que me enseñen algo.
Sonrie que todo estará bien.
Y si algo anda mal, que no se note.
Encontraré una solución para todo aquel problema que pueda tener.
Seré fuerte y lograré todo lo que me proponga.
No ha sido nada fácil, es cierto pero no me rendiré y daré siempre lo mejor de mi.
Estoy orgulloso de mi porque a pesar de todo he sabido mantenerme fuerte y positivo a pesar de que no sea fácil.
Y estaré cada vez más orgulloso de ver cómo iré progresando poco a poco.
Así que vamos campeón para que no se te olvide lo bueno y fuerte que eres y que rendirte nunca sea una opción.
Que tu única opción sea ganar.
Yo nunca pierdo, ¡Aprendo!

Dia 49

Una mañana más donde tengo la fortuna de despertarme y tomarme mi cafecito mientras escribo estas palabras.
Un dia mas donde tengo que salir a hacer algo que forma parte del proceso para llegar donde realmente quiero estar.
Sé que llegará ese día, donde tendré el trabajo que quiero, la familia que quiero, todas esas cosas que siempre he soñado y por las cuales me levanto día a día para trabajar.
Mientras tanto tengo que seguir fuerte, no todos los días son fáciles pero no me rendiré y cuando tenga todo eso que realmente quiero aun seguiré trabajando fuerte y mucho más!
Trabajaré para eso que realmente me llena de energía hacerlo, trabajaré y daré lo mejor para mi familia, lo haré todo con amor.
Pero obviamente no quiere decir que el ahora no lo haga con amor, claro que si solo que soy consciente que hay cosas que no necesariamente quiero hacer pero que debo hacer para poder continuar mi ruta y llegar pronto al punto que quiero llegar.
También se que al llegar a ese punto luego querré ir al siguiente, pero al menos por el momento llegar al primer punto es lo que me gustaría.
He pasado por tantas cosas que hay días que se me hacen más pesados que otros pero sigo fuerte y con la frente en alto porque sé que al llegar a ese punto estaré como quiero estar y a partir de ahí todo lo que siga haciendo será cada vez mejor!

Dia 50

Un dia mas donde tengo la fortuna de despertar.
La fortuna de poder degustar un café, aprovechar su olor.
Un dia mas para dar lo mejor de mi.
No lo puedo negar, que no todos los días son fáciles.
Pero lo que realmente he aprendido y estoy convencido.
Es que, pase lo que pase, mantener una buena actitud positiva lo cambia todo por completo.
Lo digo porque son tantas cosas que pueden afectar a una persona en el día a día.
Tantas cosas en las que pensamos que a veces solo de pensar uno se cansa.
No es la primera vez me ocurren un par de cosas que en realidad me desestabilizan.
Pero creo que últimamente me están afectando más de lo que deberían.
A veces en los peores momentos es donde uno vuelve a encontrar el porque uno hace lo que hace!
Recordé que pase lo que pase no me rendiré.
La vida no es fácil para nadie.
Pero se que es la responsabilidad de cada uno en hacer que esta sea mejor.
Como dice una frase: La calidad de nuestra vida, depende de nuestros pensamientos.
Y es exactamente así!
Lo digo porque cuando las cosas que suceden en la vida me afectan es porque les estoy permitiendo que me afecten y no debería de ser de esa manera.
Tengo que seguir aprendiendo a controlar mis emociones.
No puedo permitir que cualquier cosa me afecte.
Es mi responsabilidad.
Para concluir, agradezco el día de hoy por tener la fortuna de despertar un dia mas para dar lo mejor de mi y seguir aprendiendo.
Un dia mas para disfrutar cada instante como si fuese el último.
Un dia mas para aprender a no rendirme pase lo que pase.
Un dia mas para conversar conmigo mismo y recordarme que lograre todo aquello que me proponga.
Siempre y cuando, no me detenga.
Prometo dar lo mejor de mi cada vez que tenga la oportunidad.

Dia 51

Pensando en lo que me ha sucedido estos últimos días.
Me pregunto, si uno supiera lo que está por suceder, cambiaría algo ?
estaríamos mejor preparados ?
Mi respuesta en este momento es, ¿quién sabe ?
Las cosas pasan cuando uno menos se las espera.
Ya sea por bien o por mal.
Como dicen, las cosas pasan siempre por algo y es cierto.
Tal vez en el momento uno no entienda y se cuestione porqué suceden las cosas de tal manera.
A veces solo es cuestión de tiempo, para entender más en detalles tal situación.
Cual sea lo que pensemos al respecto.
Creo yo que depende del significado que le demos a las cosas.
Ya que si sucede algo, puedes lamentarte, cuestionarte, hacer lo que quieras pero una vez que paso, paso.
Lo que importa luego es que tanto te afecta lo sucedido y porque ?
Aprendes de eso y sigues o te quedas ahí esperando cambiar algo que ya sucedió.
Esto lo escribo para mi persona con el objetivo de que sigamos aprendiendo cada día para ser mejor.
Y que pase lo que pase tendré que ser fuerte y nunca abandonar.
Se que no siempre es fácil y que por mas que quieras el dolor en ocasiones es inevitable.
Lo importante es aprender de nuestros errores y no rendirse.

Dia 52

Hoy solo quiero agradecer por todo.
Gracias por ese abrazo de mamá.
Gracias por ese abrazo de mi hermana.
Gracias por ese tiempo compartido con mi hermanito.
Gracias por poder despertar y disfrutar de un chocolate caliente.
Gracias por el trabajo y el dinero.
Gracias por la fortuna de poder respirar y entrenarme.
Gracias por mi mascota.
Gracias por la comida.
Gracias por la energía y todo lo que logró hacer en un día.
Gracias por la creatividad.
Gracias por la tranquilidad.
Gracias por el Amor.
Gracias por esos besos de esa persona que me gusta.
Gracias por esos momentos compartidos junto a ella.
Gracias por la música.
Gracias por el agua.
Gracias por la luz.
Gracias por la oscuridad.
Gracias por literalmente cada instante de vida.

Dia 53

El día de hoy decido honrarme, agradecerme a mí mismo.
Por los retos que he superado, por las veces que he continuado cuando no tenía fuerza alguna.
Por las lágrimas que he derramado y el dolor que he sentido.
Por todas esas cosas por las cuales he tenido que pasar para aprender y estar aquí el día de hoy.
Por las veces que he ayudado a los demás cuando yo mismo necesitaba más ayuda que nunca.
Me honro por la valentía que tengo cada día de levantarme con una sonrisa y el querer ser una mejor persona.
Gracias, gracias por no abandonar y siempre seguir hacia adelante por mas feo que el camino se pueda poner.
Has sabido ser fuerte y cada día lo eres más.
La lucha es constante y tú has sabido mantenerte firme.
Siempre te lo agradecere y de nuevo, mil gracias!

Printed by Books on Demand GmbH, Norderstedt / Germany